Kontaktgrill Rezepte

49 schmackhafte Ideen für Sandwich, Steak und Gemüse

von Birgit Gerber

ISBN-10: 1983460540

ISBN-13: 978-1983460548

Inhalt

Einleitung

„Der Mensch ist, was er isst“, dass besagt die alte Weisheit. Und in der Tat wissen Menschen, die auch sonst vielfältig sind und gerne was Neues ausprobieren, sehr anspruchsvolle und raffinierte Esser und vor allen Dingen Genießer. Heutzutage stehen uns die unterschiedlichsten Möglichkeiten offen, unsere Essgewohnheiten variationsreich zu gestalten. Doch nicht alle davon sind praktisch. Grillen ist beispielsweise eine der beliebtesten Arten, das Essen schmackhaft zuzubereiten. Allerdings kann man nicht rund ums Jahr draußen im Freien einen Grill aufstellen und seine Wünsche in die Tat umsetzen. Auch der Balkon kommt nicht wirklich infrage, denn es ist nicht nur brandschutztechnisch problematisch, sondern bereitet mehr Probleme mit den Nachbarn als wirklichen Genuss. Aber was tun, wenn man zwischendurch Lust auf einen gegrillten, saftigen Steak oder Zucchini bekommt?

Mit dem Kontaktgrill werden alle diese Probleme auf einen Schlag gelöst. Er ist nicht nur sehr praktisch, sondern bietet auch eine noch größere Vielfalt an Möglichkeiten als ein traditioneller Grill. Bei richtiger Vorbereitung und Zubereitung werden Sie auch den typischen rauchigen Geschmack nicht vermissen und sich zwischendurch Mahlzeiten gönnen können, auf die Sie ansonsten bis zum nächsten warmen Tag warten müssten.

In dieser Rezeptsammlung werden Sie alle Rezepte finden, die Sie suchen! Ob ein leidenschaftlicher Fleischesser oder überzeugter Vegetarier – der Kontaktgrill kann jedem Wunsch gerecht werden.

Neben Rezepten finden Sie auch zahlreiche Tipps und Tricks, die Sie auch sonst beim Kochen verwenden können und im Hinterkopf behalten können. Diese kulinarische Reise wird Ihnen nicht nur aufwendige Speisen bieten, sondern auch einfachere Kost. Egal, ob eine Grillparty oder ein sparsames, studentisches Mittagessen – hier werden Sie garantiert fündig.

Wir wünschen Ihnen viel Vergnügen beim Kochen und einen kleinen Tipp mit auf den Weg: trauen Sie sich, zu experimentieren! Wenn Sie den Rezepten eine individuelle Note verleihen wollen, so ist es umso besser. Denn Geschmäcker sind verschieden und Essen muss nicht nur satt machen, sondern auch einen Genuss bieten. Überraschen Sie Ihre Freunde und Familie mit Ihren kulinarischen Kreationen und gestalten Sie Ihren gastronomischen Alltag bunter!

Kontaktgrill – Vorteile und Gebrauch

Vorteile

Ein Kontaktgrill ist die gebrauchsleichtere Version eines traditionellen Grills. Sie benötigen keine Zündkohle, müssen sich nicht die Augen ausheulen beim Versuch, die Kohle zum Glühen zu bringen und auch das Saubermachen ist in Handumdrehen erledigt. Dadurch können Sie nicht nur die Gartenparty einfacher organisieren und sich am Ende das lästige Aufräumen und Putzen sparen, sondern auch zu jeder Tages- und Jahreszeit die Gerichte zaubern, auf die Sie Lust haben.

Ein Kontaktgrill ist umweltfreundlicher, energiesparender und auch ungefährlicher. Darüber hinaus können Sie mit dem Kontaktgrill Ihr

Fleisch oder Gemüse zeitgleich beidseitig grillen, was den Prozess beschleunigt. Sie sparen Energie und vor allen Dingen auch Zeit.

Natürlich können Sie den Kontaktgrill nicht nur zum Grillen von Hauptspeisen verwenden, sondern auch Snacks für zwischendurch aufwärmen. Die Platten werden schnell heiß und Sie können morgens auf die Schnelle größere Sandwiches aufwärmen; das spart Zeit, denn Sie müssen das Brot nicht vorher im Toaster anwärmen oder noch zusätzlich einen Sandwichmaker anschaffen, der nicht besonders multifunktional ist.

Der Kontaktgrill vereinigt in sich die Funktionen einer Pfanne, eines Sandwichmakers und eines Toasters. Auf diese Weise können Sie einiges an Platz einsparen und Ihre Küche gut geordnet behalten.

Ein weiterer Vorteil des Kontaktgrills ist, dass die Zubereitung ohne Öl oder Fett gesünder ist. Ein gegrillter Steak oder Hähnchenbrust ist bei weitem gesünder als auf der Pfanne durchgebraten. Auf diese Weise nehmen Sie weniger Cholesterin zu sich und vermindern das Risiko von Herzkrankheiten und Diabetes.

Natürlich wird der Kontaktgrill den typischen, rauchigen Geruch eines traditionellen Grills nicht zu 100% imitieren können und auch das Erlebnis, bei gutem Wetter im Freien zu grillen, wird er Ihnen nicht ermöglichen. Allerdings müssen Sie auf das traditionelle Grillen nicht zu Gunsten des Kontaktgrills verzichten, sondern diesen vielmehr als eine Alternative sehen, wenn Sie sich eine Grillparty in der Natur zum gegebenen Zeitpunkt nicht leisten können. Insofern steht es Ihnen frei, zu grillen, wann auch immer Sie wollen, ganz unabhängig von den externen Umständen!

Im Weiteren finden Sie 49 Rezepte rund um den Kontaktgrill. Sie können sie einzeln zubereiten oder ein ganzes drei bis vier-Gänge-Menü erstellen. Lassen Sie sich von der Vielfalt der Möglichkeiten überraschen!

Gebrauch

Im Grunde genommen ist der Gebrauch eines Kontaktgrills nicht allzu kompliziert. Es gibt allerdings einzelne Faktoren, die Sie beachten sollten, wenn Sie beispielsweise lästiges Schrubben vermeiden wollen.

Den meisten Kontaktgrills ist ein Schaber beigelegt, mit dem Sie angebrannte Reste oder überschüssiges fett entfernen können. Es empfiehlt sich grundsätzlich, für die Reinigung direkt nach der Verwendung vorzusorgen. Meistens reicht es, einige Zewa-Tücher zwischen die Platten zu legen und sie dort für einige Zeit das Fett aufsaugen zu lassen. Danach müssen Sie nur noch feinere Verunreinigungen entfernen und sauber ist der Kontaktgrill!

Erfahrungsgemäß lassen sich teurere Geräte durch die höhere Qualität der Beschichtung einfacher reinigen, aber auch bei günstigeren Modellen kann man dafür sorgen, dass man Reinigungsproblemen aus dem Weg geht.

Bei der Reinigung Ihres Kontaktgrills sollten Sie es auf jeden Fall vermeiden, kratzende Topfschwämme oder andere Gegenstände zu benutzen. Ansonsten könnten Sie die Beschichtung beschädigen, was wiederum dazu führen würde, dass sich der Kontaktgrill stärker verunreinigen würde. Wenn hartnäckige Verunreinigungen nicht weggehen, können Sie diese einweichen, indem Sie einige feuchte Tücher mit ein wenig Spüli zwischen die Platten legen und diese etwas einweichen lassen. Grundsätzlich gilt das Gleiche wie für Pfannen auch: einweichen statt schrubben!

Snacks und Vorspeisen

Sandwiches und Wraps

In diesem Kapitel finden Sie schnell zuzubereitende Rezepte für Sandwiches und Wraps, die Sie nicht nur bei einer Grillparty servieren können, sondern auch im Alltag zur Arbeit mitnehmen können oder auch einfach für den kleinen Hunger zwischendurch!

Sandwich mit Hähnchen und Käse

Dauer: 15- 20 Minuten | Portionen: 4

Zutaten:

gekochte Hähnchenbrust – 240 g
Mozzarella – 60 g
Parmesan – 60 g
Marinarasoße – 60 ml
Toastbrotscheiben – 8 Stück
frisches Basilikum – 16 Blätter Ein Schuss Öl (Oliven- oder Sonnenblumenöl)

Zubereitung:

1 Heizen Sie den Kontaktgrill vor, wenn alle Zutaten bereit sind.

2 Kochen Sie die Hähnchenbrust vor, falls Sie diese nicht fertig gekauft haben.

3 Tipp: Marinarasoße lässt sich einfach selbst zubereiten, ist aber auch mit allen möglichen Extrazutaten im Supermarkt verfügbar!

4 Vier Toastscheiben mit der Marinarasoße, Käse, Hähnchenbrust und Basilikum belegen.

5 Die restlichen vier Toastscheiben oben drauflegen. Die Sandwiches oben und unten mit Öl bestreichen.

6 Legen Sie die Sandwiches für 2-3 Minuten in den Kontaktgrill, bis die Hähnchenbrust durch und der Käse geschmolzen ist.

7 Die Sandwiches in Hälften schneiden und heiß servieren.

Sandwich mit Paprika, Käse und Pesto

Dauer: 15 Minuten | Portionen: 4

Zutaten:

Käse – 4 Scheiben
Mozzarella (gerieben) – 100 g
Rote Paprika – 1 Stück
Pesto (grün oder rot) – nach Geschmack
Toastbrot – 8 Scheiben
Sonnenblumen- oder Olivenöl

Zubereitung:

1. Paprika waschen, entkernen und in vier gleich große Stücke schneiden.
2. Die Paprikastücke einölen und vorgrillen. Lassen Sie diese für ca. 8 Minuten auf dem Grill bis sich typische Grillstreifen bemerkbar machen.
3. Toastscheiben mit Pesto versehen. Auf vier von acht Toastscheiben eine Scheibe Käse, zwei Esslöffel Mozzarella und ein Stück Paprika legen.
4. Eine weitere Toastscheibe drauflegen. Den Grill vorheizen und gut einölen.
5. Lassen Sie die Sandwiches für ca. 2-3 Minuten auf dem Grill, bis das Toast goldbraun ist und der Käse vollständig geschmolzen.

Heiße Wraps vom Grill mit Käse und Bacon

Dauer: 15-20 Minuten | Portionen: 4

Zutaten:

Dünnes Fladenbrot – 4 Stück
Käse (gerieben, nach Geschmack) – 300 g
Bacon (gewürfelt) – 200 g
Tomaten – 4 Stück
Mayo – 8 EL
Salz und Pfeffer nach Geschmack

Zubereitung:

1 Käse und Bacon in einer Schüssel mit etwas Salz und Pfeffer vermengen.

2 Schneiden Sie die Tomaten in kleine Würfel. Legen Sie eine Schicht Tomaten auf das Fladenbrot, darauf eine Schicht Bacon-Käse-Masse. Geben Sie etwas Mayo dazu und dann noch eine Schicht Tomatenwürfel.

3 Das Fladenbrot rechts und links zur Mitte zusammenfalten und dann eng einrollen.

4 Legen Sie die Wraps auf den Kontaktgrill und lassen Sie diese für 2-3 Minuten bei mittlerer Hitze drin. Das Fladenbrot sollte leicht knusprig sein und der Käse vollständig geschmolzen.

Bruschetta vom Grill mit Tomaten und Garnelen

Dauer: 15-20 Minuten | Portionen: 4

Zutaten:

Garnelen (groß, geschält) – 450 g
Cherrytomaten – 400 g
Zitronenschalen – 1 TL
Zitronensaft – 1 TL
Salz – ½ TL
Sonnenblumen- oder Olivenöl
Baguette – schräg geschnitten, 8 Stück
Knoblauch – 4 Zehen
Fetakäse – 120 g
Pfeffer – ½ TL
Olivenöl – 1 EL
Basilikum – 24 Blätter

Zubereitung:

1 Grill gut einölen und vorheizen.

2 Die Garnelen einölen und 2-3 Minuten knusprig grillen. Den Grill anlassen.

3 Tomaten in Würfeln schneiden und in einer Schüssel zerquetschen. Gegrillte Garnelen, Zitronenschalen, Zitronensaft, Salz und Pfeffer hinzugeben.

4 Die Baguettescheiben abgeschrägt schneiden, mit Olivenöl bespritzen und für 2 Minuten auf den Grill legen. Die Scheiben jeweils auf einer Seite mit Knoblauch einreiben. Auf die eingeriebene Seite etwas Fetakäse legen, darauf jeweils 4-5 Esslöffel der Tomaten-Garnelen-Mischung. Noch etwas Pfeffer und Olivenöl darüber geben und mit Basilikum verfeinern.

Knoblauchcroutons vom Grill

Dauer: 15 Minuten | Portionen: ca. 8

Zutaten:

Baguette oder Brot – 1 Laib
Butter – ¼ Glas, weich
Knoblauchpulver, Pfeffer, Salz – nach Geschmack

Zubereitung:

1 Baguette oder Brot in Stücke schneiden. In einer Schüssel Butter mit Knoblauchpulver, Salz und Pfeffer zusammenmischen. Bestreichen Sie die Baguettestücke mit der Gewürzbutter auf einer Seite.

2 Heizen Sie den Grill vor.

3 Legen Sie die Baguettestücke auf den Grill und lassen Sie diese ca. 2 Minuten lang grillen, bis diese goldbraun gegrillt sind.

Tipp: *Sie können diese Croutons mit Suppe servieren oder auch als Butterbrotbasis. Wenn Sie die Gewürzbutter nicht selbst machen wollen, können Sie auch zur Kräuterbutter aus dem Supermarkt greifen!*

Gemüsesnacks

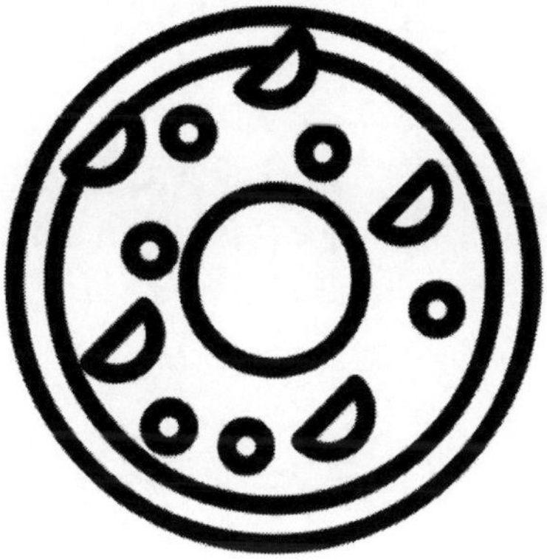

Grillgemüse

Dauer: 15- 20 Minuten | Portionen: 4-6

Zutaten:

Zucchini – 1 Stück
Aubergine – 1-2 Stück
Tomate – 1-2 Stück
Mais (vorgekocht) – 1-2 Stück
Paprika – 1-2 Stück
Zwiebeln – nach Geschmack
Öl (Sonnenblumen- oder Olivenöl) – 2 EL
Salz und Pfeffer – nach Geschmack

Zubereitung:

1. Bereiten Sie das Gemüse für den Grill vor. Waschen Sie alle Zutaten. Wenn Sie frische Maiskolben gekauft haben, kochen Sie diese 10-15 Minuten lang im leicht gesalzenen Wasser vor, bevor Sie diese auf den Grill legen.

2. Zucchini und Auberginen in dünne Scheiben schneiden und die Paprika von Kernen befreien.

3. Den Grill gut einölen und das Gemüse nach Geschmack würzen.

4. Grillen Sie die Zucchini- und Auberginenstreifen sowie die Paprikastreifen zusammen. Sofern Ihr Grill auf beiden Seiten erhitzt, lassen Sie das Gemüse für 2-3 Minuten auf dem Grill. Wenn nicht, sollten Sie es nach 1-2 Minuten wenden und weitergrillen lassen.

5. Danach legen Sie die Maiskolben und die Tomaten auf den Grill. Grillen Sie diese solange, bis Sie typische Streifen sehen.

6. Servieren Sie das Gemüse frisch vom Grill.

Auberginen mit Pesto und Käse

Dauer: 15 Minuten | Portionen: 4

Zutaten:

Auberginen (in Scheiben geschnitten) – 2 Stück
Pesto (grün oder rot) – ½ Glas
Mozzarella (in Scheiben geschnitten) – 120 g
Parmesan (gerieben) – 2EL
Salz und Pfeffer – nach Geschmack

Zubereitung:

1 Den Grill vorheizen und die Platten gut einölen.

2 Die Auberginenringe auch etwas mit Öl bestreichen, salzen und pfeffern und auf den Grill legen. Lassen Sie diese ca. 3-4 Minuten lang grillen, bis sich typische Streifen zeigen.

3 Die Auberginen auf Alufoliezuschnitten auslegen und auf jede Scheibe etwas Pesto, eine Scheibe Mozzarella und Parmesan legen. Dann mit einer weiteren Scheibe zudecken und noch etwas Parmesan darüber streuen.

4 Die Alufolie zusammenfalten und für weitere 2-3 Minuten auf den Grill legen, damit der Käse schmelzen kann.

Tipp: *Servieren Sie die Auberginen noch heiß, solange der Käse geschmolzen ist!*

Champignons mit Käsefüllung

Dauer: 20-25 Minuten | Portionen: 6-8

Zutaten:

Champignons (mittelgroß) - 600 g
Zwiebeln - 1-2 Stück
Knoblauch - 1-2 Zehen
Bacon - 50-100 g
Käse (Tilsiter oder Gouda) - 100-150 g
Kräuter de Provance (nach Geschmack)
Öl (Sonnenblumen- oder Olivenöl) - 1-2 EL

Zubereitung:

1 Die Champignons waschen und aushohlen. Dann mit einer Küchenrolle etwas abtrocknen, damit nicht zu viel Flüssigkeit mit auf den Grill kommt und die Pilze nicht zu weich werden.

2 Die Pilzstiele, Zwiebeln, Knoblauch und Bacon klein schneiden, Kräuter de Provance hinzugeben und goldbraun anbraten. Dann in gleichmäßigen Portionen auf die Champignons verteilen.

3 Geben Sie etwas geriebenen Käse auf die gefüllten Champignons.

4 Den Kontaktgrill gut einölen und die Pilze drauflegen. Solange grillen, bis der Käse geschmolzen ist und die Pilze typische Grillstreifen aufweisen.

Gegrillte Zwiebeln

Dauer: 10 Minuten | Portionen: 8

Zutaten:

Zwiebeln – 8 Stück
Salz, Pfeffer – nach Geschmack
Olivenöl
Geriebener Käse – 2 EL

Zubereitung:

1 Die Zwiebeln schälen. Das Olivenöl mit Salz und Pfeffer würzen und die Zwiebeln gut einölen.

2 Den Grill vorheizen. Die Zwiebeln auf den Grill legen und 5-6 Minuten grillen lassen. Kurz, bevor diese fertig sind, etwas Käse darüber geben und warten, bis sich eine goldbraune Kruste bildet.

Tipp: *Die Zwiebeln können Sie als Beilage zu Fleisch oder Gemüse servieren.*

Gegrillte Tomaten

Dauer: 5 Minuten | Portionen: 6-8

Zutaten:

Tomaten – 1 kg
Käse – 50 g
Butter – 30 g
Salz und Pfeffer – nach Geschmack

Zubereitung:

1. Die Tomaten waschen und von oben eine kreuzförmige Öffnung einschneiden.
2. Den Grill vorheizen und die Platten gut einölen.
3. Die Tomaten mit etwas Butter, Salz, Pfeffer und Käse füllen und für ca. 4-6 Minuten grillen lassen.

Tipp: *Die Tomaten können Sie noch heiß zu Fleisch- und Fischgerichten servieren!*

Mais vom Grill mit Tomaten-Knoblauchsoße

Dauer: 15 Minuten | Portionen: 4

Zutaten:

Maiskolben – 4 Stück

Pürierte Tomate - 1 Stück

Parmesan – 2 EL

Knoblauch – 2 Zehen

Olivenöl – 1 TL

Salz, Pfeffer, Thymian – nach Geschmack

Zubereitung:

1 Den Grill vorheizen und die Platten gut einölen.

2 Die Knoblauchzehen von überschüssiger Schale befreien, aber nicht vollständig schälen. Die Knoblauchzehen mit etwas Öl versehen und in Alufolie einwickeln. Für ca. 5-8 Minuten im Grill weich werden lassen.

3 Die weichen Knoblauchzehen in eine Schüssel tun, mit Tomatenpüree, Salz, Pfeffer, Thymian und Pfeffer vermischen.

4 Die Maiskolben einölen, salzen, pfeffern und für ca. 7-10 Minuten auf den Grill legen und grillen, bis sich typische Grillstreifen zeigen. Servieren Sie die Maiskolben zusammen mit der Tomaten-Knoblauch-Soße.

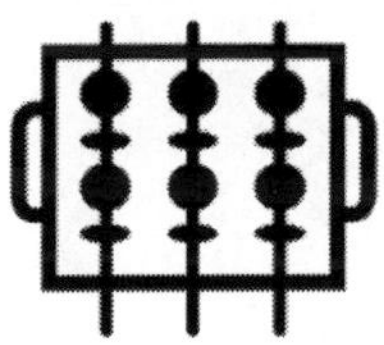

Knusprige Auberginensticks

Dauer: 15-20 Minuten | Portionen: 4-5

Zutaten:

Auberginen – 2 Stück
Ei – 1 Stück
Paniermehl
Kräuter de Provance (optional: Origano, Basilikum etc.)
Knoblauchpulver – 1 TL
Sonnenblumen- oder Olivenöl
Salz und Pfeffer – nach Geschmack

Zubereitung:

1 Auberginen waschen, aushohlen und in Streifen schneiden.

2 Das Ei in eine Schüssel geben und das Eigelb mit dem Eiweiß zusammen solange schlagen, bis sich eine homogene Flüssigkeit bildet. Diese dann nach Geschmack würzen.

3 Etwas Paniermehl auf einen Teller oder in eine Schüssel geben.

4 Die Auberginensticks erst in Ei und dann in Paniermehl dippen.

5 Den Kontaktgrill gut einölen. Die fertig panierten Auberginensticks auf den Kontaktgrill legen und goldbraun grillen.

Spargel vom Grill

Dauer: 10-15 Minuten | Portionen: 4

Zutaten:

Spargel (grün oder weiß) – 450 g
Fetakäse gewürfelt – 200 g
Pinienkerne – 2EL
Olivenöl – 2 EL
Salz und Pfeffer nach Geschmack

Zubereitung:

1. Spargel waschen, schälen und in eine längliche Schüssel legen. Etwas Olivenöl darüber geben und nach Geschmack würzen.
2. Den Grill vorheizen und ebenfalls gut einölen,
3. Spargel auf den Grill legen und 4-6 Minuten lang grillen, bis diese weich ist.
4. Auf einen Teller legen und Fetakäse mit Pinienkernen dazulegen.

Fischsnacks

Garnelenspieße vom Grill

Garnelen mit einer süßen Honig-Knoblauch-Soße begeistern jeden Meerfrüchteliebhaber und sind eine gesunde sowie kreative Möglichkeit, eine Party einzuleiten!

Dauer: 15-20 Minuten | Portionen: 6-8

Zutaten:

Garnelen, groß – 650 g
Senf – 3 EL
Honig – 2 EL
Zitronensaft – ½ EL
Knoblauch – 2 Zehen
Holzspieße

Zubereitung:

1 Den Grill gut einölen und vorheizen. Die Garnelen auf Holzspieße ziehen.

2 In einer kleinen Schüssel Senf, Honig, Zitronensaft und Knoblauch vermischen.

3 Die Garnelen gleichmäßig mit der Soße einschmieren und für 2-3 Minuten auf den Grill legen, bis sie etwas knusprig sind.

4 Auf einen Teller legen und heiß servieren.

Calamari-Spieße vom Grill

Dauer: 15 Minuten | Portionen: 4

Zutaten:

Calamari – 450 g
Limette – 1 Stück
Petersilie – 2-3 Stiele
Olivenöl
Salz
Pfeffer

Zubereitung:

1 Holzspieße ins Wasser einlegen. Calamari waschen und in Ringe schneiden.

2 Salzen und pfeffern nach Geschmack.

3 Den Grill vorheizen und die Platten gut einölen. Die Calamari-Ringe auf Holzspieße ziehen und auf den Grill legen. Ca. 5-7 Minuten grillen lassen. Sobald die Calamari auf der einen Seite durch sind, etwas Limettensaft darüber geben und wenden. Weitere 1-2 Minuten grillen lassen.

4 Währenddessen Petersilie fein hacken (ohne Stiele, nur die Blätter). Sobald die Spieße fertig sind, mit Petersilie bestreuen und mit Limettensaft servieren.

Salate

Salate mit Fleisch oder Fisch

Scharfer Salat „Cäsar“ mit gegrillter Hühnerbrust

Dauer: 20-30 Minuten | Portionen: 2

Zutaten:

Für das Dressing benötigen Sie:
Eigelb – 2 St.
Zitronensaft – 2 EL
Senf – nach Geschmack
Worcestershiresauce – ½ EL
Tabascosoße – ½ EL
Olivenöl – 50 ml
Sonnenblumenöl – 150 ml*
Hähnchenbrustfilet – 2 Stück (ca. 250g)
Olivenöl – 2 TL
Basilikum – ¼ TL oder nach Geschmack
Origano – ¼ TL oder nach Geschmack
Knoblauchpulver – ¼ TL oder nach Geschmack
Paprikapulver - ¼ oder nach Geschmack
Salatblätter – ca. ein halber Salatkopf
Tomate – 1 Stück
Croutons

Zubereitung:

1 Bereiten Sie zunächst das Dressing für den Salat vor. Nehmen Sie eine Schüssel und vermischen Sie das Eigelb, Zitronensaft, Senf, Worcestershiresauce und Tabascosoße. Rühren Sie, nachdem Sie alles gut vermengt haben, langsam das Öl ein, bis Sie eine homogene zähflüssige Flüssigkeit erhalten. Wenn diese zu zäh sein sollte, können Sie etwas kaltes Wasser hinzufügen.

2 Heizen Sie den Grill vor und ölen Sie die Platten gut ein.

3 Basilikum, Origano, Knoblauchpulver und Paprikapulver vermischen. Die Hähnchenbrustfilets von beiden Seiten mit der Würzmischung bedecken. Legen Sie diese auf den Grill und lassen sie für ca. 12-15 Minuten lang bei mittlerer Hitze grillen.

4 Auf einen Teller einige Salatblätter und Tomatenscheiben legen. Schneiden Sie die Hähnchenfilets in Streifen und legen Sie diese oben drauf.

5 Geben Sie etwas Dressing über das fertige Gericht. Am besten sofort heiß servieren!

Tipp: *Wenn Sie einen intensiveren Geschmack erreichen wollen, können Sie die Hähnchenbrustfilets für ca. 1-2 Stunden im Kühlschrank ziehen lassen.*

6 Auf einen Teller einige Salatblätter und Tomatenscheiben legen. Schneiden Sie die Hähnchenfilets in Streifen und legen Sie diese oben drauf.

Grillsalat mit Garnelen, Mais und Okraschoten

Dauer: 20-30 Minuten | Portionen: 6

Zutaten:

Garnelen (groß, geschält) - 450 g
Frische Okraschoten - 450g
Cherrytomaten (in Hälften geschnitten) - 900 g
Grüne Paprika - 1 Stück
Zwiebeln (geschnitten in dünne Scheiben) - 2 Stück
Olivenöl - 2 EL
Cajun Gewürzsalz - 2,5 TL
Für das Dressing:
Mais - 1 Dose
Olivenöl - 80 ml
Zitronensaft - ¼ Glas

Zubereitung:

Für die Zubereitung der Garnelen werden Sie sechs Holzspieße mit der Länge von 30 cm benötigen.

1 In einer Schüssel mittleren Größe alle Zutaten für das Dressing zusammenmischen, nach Geschmack Salz und Pfeffer hinzugeben. Die Schüssel mit Frischhaltefolie abdecken und im Kühlschrank einige Zeit ziehen lassen.

2 Die Holzspieße für ca. 30 Minuten in kaltes Wasser einlegen. Heizen Sie den Grill auf ca. 180-200 Grad vor.

3 Die Garnelen schälen. Paprika in vier gleich große Stücke schneiden. Die Zwiebelringe, Okraschoten und Paprikastücke mit einem Esslöffel Olivenöl versehen und zwei Teelöffel Cajun Gewürzsalz darüber geben.

4 Legen Sie die Okraschoten auf den Grill und lassen Sie diese ca. 4 Minuten lang grillen. Die Okraschoten sollten weich sein, wenn Sie diese rausholen. Zwiebeln und die Paprika hinzugeben und ca. 6 Minuten lang grillen. Zuletzt die Garnelen aufspießen und auf den Grill dazulegen und diese ca. 2 Minuten lang grillen.

5 Die Okraschoten in Hälften schneiden, die Paprika in Würfel. Okraschoten, Paprika und Zwiebeln in eine Schüssel legen. Tomaten, Mais und das Dressing hinzugeben.

6 Die Garnelen von den Spießen nehmen und ebenso in die Schüssel mit dem Gemüse hinzugeben. Dann alle Zutaten gut miteinander vermengen.

Grillsalat mit Hähnchenbrust, Möhren und Shiitakepilzen

Dauer: 25 Minuten | Portionen: 4

Zutaten:

Olivenöl – 60 ml und 3 EL
Thymian – 1 TL
Hähnchenbrustfilets – 450 g (ca. 3 Stück)
Salz – 1 TL
Pfeffer - ¾ TL
Shiitakepilze (ohne Stiel) – 100 g
Möhren (in Streifen geschnitten, ca. 0,5-0,7 cm dick) – 4 Stück
Senf – ½ TL
Zitronensaft – 4 TL
Salatblätter – 2 Salatköpfe
Lauchzwiebeln – 2 Bündel, fein geschnitten

Zubereitung:

1 Erhitzen Sie den Grill. Vermengen Sie 3 EL Olivenöl und Thymian. Reiben Sie die Hähnchenbrustfilets mit dem Thymianöl ein, geben Sie ¼ TL Salz und eine Prise Pfeffer hinzu.

2 Legen Sie die Hähnchenbrust auf den Grill und lassen Sie diese bei mittlerer Hitze ca. 4 Minuten lang auf jeder Seite grillen, bis Sie typische Grillstreifen erreichen. Nehmen Sie das Fleisch vom Grill und platzieren es auf einem Schneidebrett. Lassen Sie es einige Minuten kühlen, schneiden Sie es dann in Streifen (ca. 0,5-0,7 cm).

3 Vermengen Sie die Shiitakepilze mit den in Streifen geschnittenen Möhren. Mischen Sie das verbliebene Thymianöl und geben Sie noch ¼ TL Salz und eine Prise Pfeffer hinzu. Legen Sie das Gemüse auf den Grill. Die Möhren sollten Sie bei mittlerer Hitze ca. 4 Minuten lang auf jeder Seite grillen, die Shiitakepilze ca. 6 Minuten lang.

4 In einer Glas- oder Edelstahlschüssel vermischen Sie Senf, Zitronensaft, ½ TL Salz und ½ TL Pfeffer. Geben Sie 60 ml Olivenöl hinzu und vermischen Sie alle Zutaten, bis Sie eine homogene, zähflüssige Konsistenz erreichen.

5 Waschen Sie die Salatblätter und tropfen sie gut ab, sodass keine überschüssige Flüssigkeit in den Salat gelangt. Vermischen Sie die Salatblätter mit der Hälfte der Lauchzwiebeln und dem fertigen Dressing. Lassen Sie ca. 2 EL Dressing über, damit Sie dieses später auch über das Hähnchen geben können.

6 Legen Sie die fertigen Hähnchenbruststreifen und Grillgemüse auf die Salatblätter und geben Sie das restliche Dressing drüber.

7 Servieren Sie den Salat, solange das Fleisch und das Grillgemüse noch warm sind.

Grillsalat mit Hähnchenbrust und Erdbeeren

Dauer: 25 Minuten | Portionen: 2

Zutaten:

Hähnchenbrustfilet – 200 g
Erdbeeren – 150 g
Sojasoße – 3-4 EL
Olivenöl – 2-3 EL
Knoblauch – 1-2 Zehen
Ingwer – 1-2 cm
Pfeffer – ¼ TL
Salat – 1 Kopf
Zitronensaft – 2 EL
Zucker – ½ EL

Zubereitung:

1 Die Hähnchenbrust in Streifen schneiden.

2 Für die Marinade Sojasoße und 1 EL Olivenöl vermischen. Knoblauchzehen schälen. Knoblauch und Ingwer durch die Knoblauchpresse pressen. Die Zutaten mit der Sojasoße und dem Olivenöl vermengen. Pfeffer hinzugeben.

3 Die Hähnchenbruststreifen mit der Marinade vermengen und für 30 Minuten im Kühlschrank ziehen lassen. Wenn Sie intensivere Geschmacksergebnisse erreichen wollen, können Sie diese auch für 1-2 Stunden ziehen lassen.

4 Heizen Sie den Grill vor und legen Sie die Hähnchenstreifen auf nicht eingeölte Grillflächen. Lassen Sie die Hähnchenbruststreifen so lange drauf, bis sich typische Grillstreifen bilden. Insgesamt sollten Sie diese mindestens 3-4 Minuten auf jeder Seite durchgrillen.

5 Waschen Sie die Salatblätter und tropfen diese gut ab. Schneiden Sie die Hähnchenbruststreifen in mundgerechte Stücke und legen sie auf die Salatblätter.

6 Schneiden Sie die Erdbeeren in Viertel. Bereiten Sie das Dressing für die Erdbeeren vor: vermischen Sie Olivenöl, Zitronensaft und Zucker. Rühren Sie solange um, bis sich der Zucker aufgelöst hat.

7 Geben Sie das fertige Dressing über den fertigen Salat. Servieren Sie den Salat, solange die Hähnchenbruststreifen noch warm sind.

Salat mit gegrillter Putenbrust

Dauer: 20 Minuten | Portionen: 4

Zutaten:

Putenbrust – 500 g
Zucchini – 1 Stück
Aubergine – 1 Stück
Lauchzwiebeln – 2 Stück
Tomate – 1 Stück
Rucola – 100 g
Olivenöl
Gewürz (Basilikum, Origano, Kräuter de Provance)
Salz
Balsamico-Creme

Zubereitung:

1 Waschen Sie die Aubergine und die Zucchini und schneiden Sie diese in feine Streifen. Heizen Sie den Grill vor und ölen Sie die Platten gut ein. Platzieren Sie das Gemüse auf dem Grill und lassen Sie es ca. 3-4 Minuten lang grillen, bis sich typische Streifen zeigen. Lassen Sie den Grill an.

2 Waschen Sie die Rucolablätter und lassen diese gut abtropfen. Wenn Sie Rucola nicht mögen, können Sie sie diese mit jeder anderen Sorte von Salat ersetzen.

3 Olivenöl mit Gewürzen nach Geschmack vermengen. Die Putenbrust mit dem Würzöl marinieren und für ca. 30 Minuten ziehen lassen. Wenn Sie intensivere Geschmackergebnisse haben wollen, können Sie das Fleisch für eine längere Zeit ziehen lassen.

4 Die Putenbrust grillen, bis sich typische Grillstreifen zeigen. Schneiden Sie diese dann in gleichgroße Streifen.

5 Schneiden Sie die Tomate in kleine Würfel und hacken Sie die Lauchzwiebeln.

6 Legen Sie die Salatblätter auf einen Teller, darauf die Putenbruststreifen und die Tomaten, sowie die Lauchzwiebeln und das Grillgemüse. Geben Sie etwas Balsamicodressing dazu.

7 Servieren Sie den Salat am besten, solange das Gemüse und das Fleisch warm sind.

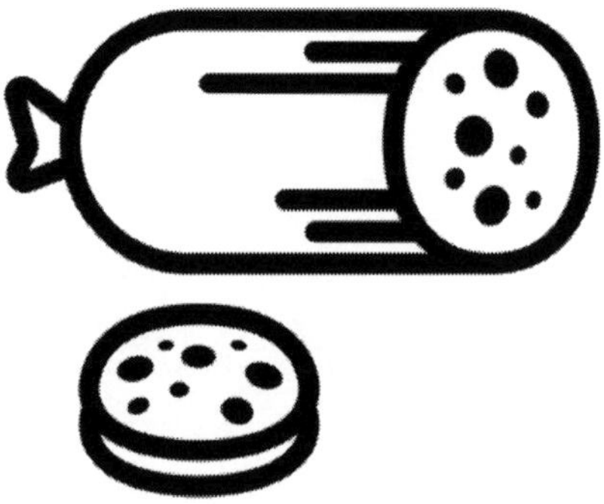

Vegetarische Salate

Heißer Quinoasalat mit Grillgemüse

Dauer: 30 Minuten | Portionen: 4

Zutaten:

Quinoa – ½ Glas
Zuckermais – 2 Kolben oder 1 Dose
Süßkartoffel – 1 Stück, in Streifen geschnitten
Jalapeno – 2 Stück
Knoblauch, klein gewürfelt – 1 TL
Koriander – 1 TL
Kreuzkümmel – 1 TL
Olivenöl – 1 EL
Wasser – ½ Glas
Hähnchenbrühe – ½ Glas
Salz und Pfeffer nach Geschmack
Frische Minze, gehackt

Zubereitung:

1 Schalten Sie den Grill an und lassen Sie diesen bis zu einer mittleren Hitze anlaufen. Den Grill gut einölen. In der Kasserolle 1 EL Olivenöl erhitzen, gehackten Knoblauch, Kreuzkümmel, Koriander und Quinoa hinzugeben. Auf mittlerer Hitze zubereiten und eine Minute lang gut umrühren.

2 Hähnchenbrühe und Wasser hinzugeben und zum Kochen bringen. Die Flamme etwas kleiner stellen und die Kasserolle mit einem Deckel zudecken. Quinoa ca.20 Minuten lang kochen, bis es verzehrbereit ist. Den Herd ausmachen, die Kasserolle auf der Platte lassen, damit Quinoa das Wasser vollständig aufnehmen kann.

3 Die Maiskolben, Süßkartoffelstreifen und Jalapeno gut einölen. Nach Geschmack salzen und pfeffern. Das Gemüse auf den Grill legen und ca. 5 Minuten lang von allen Seiten gut durchgrillen, bis die Süßkartoffeln weich sind.

4 Die Maiskörner vom Kolben lösen, die Süßkartoffeln in kleine Würfel schneiden, Jalapeno entkernen und klein schneiden.

5 Gegrilltes Gemüse in die Kasserolle mit Quinoa legen, Minze, Salz und Pfeffer nach Geschmack hinzugeben, dann alles gut miteinander vermengen bis zu einer fertigen Konsistenz.

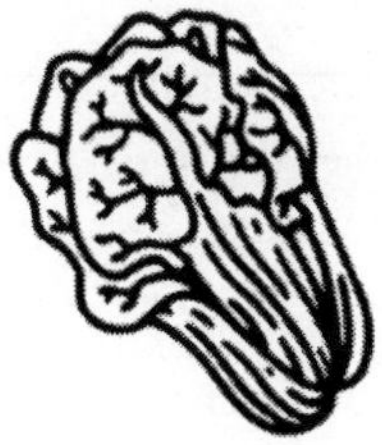

Grillsalat mit Käse

Dauer: 15-20 Minuten | Portionen: 2-3

Zutaten:

Auberginen – 1-2 Stück
Zucchini – 1-2 Stück
Paprika – 1-2 Stück
Zwiebel – 1 Stück
Cherrytomaten – 3-4 Stück
Käse – 50-75 g
Olivenöl – 4-6 EL
Salz und Pfeffer nach Geschmack
Senfkörner – 2-3 TL
Basilikum – 4-5 Blätter

Zubereitung:

1 Zucchini und Auberginen waschen, in ca. 1 cm dicke Scheiben schneiden. Beidseitig einölen, salzen und pfeffern und eine Weile ziehen lassen.

2 Paprika waschen und in Hälften schneiden. Die Körner entfernen und in Streifen schneiden.

3 Zwiebel schälen und in mittelgroße Scheiben schneiden.

4 Paprika mit Zwiebeln in einer Schüssel vermischen und einen Schuss Öl hinzugeben, nach Geschmack salzen und pfeffern. Ca. 10 Minuten lang ziehen lassen.

5 Das Gemüse auf den Grill legen und beidseitig grillen. Zuerst die Auberginen und Zucchini, danach die Paprika mit den Zwiebeln.

6 Solange das Gemüse auf dem Grill ist, Tomaten in Scheiben schneiden.

7 Den Käse in Streifen schneiden. Wenn Sie dickere Scheiben haben wollen, sollten Sie Stückkäse kaufen. Wenn Sie Käsescheiben schneiden, werden sie dünn und brechen eher ab.

8 Gegrillte Auberginen und Zucchini in mundgerechte Stücke schneiden.

9 Die Paprika in mundgerechte Stücke schneiden.

10 Alle Zutaten in einer Schüssel vermischen und auf einem Teller platzieren.

11 Für das Dressing 2-3 EL Olivenöl, 2-3 EL Zitronensaft und Senfkörner vermischen und über die vermengten Zutaten geben.

Tipp: Dekorieren Sie das Gericht mit einigen Basilikumblättern. Den Salat am besten warm servieren!

Salat mit Ruccola, Birnen und Blauschimmelkäse

Dauer: 20-30 Minuten | Portionen: 2-3

Zutaten:

Birne – 2 Stück
Rucola – 100 g
Walnüsse – 80 g
Blauschimmelkäse – 200 g
Ahornsirup – 40 ml
Balsamico schwarz – 30 ml
Salz
Für das Dressing:
Balsamico weiß – 50 ml
Ahornsirup 40 ml
Olivenöl – 100 ml
Salz
Pfeffer

Zubereitung:

1 Balsamico, Olivenöl, Salz und Pfeffer nach Geschmack in einer Schüssel zu einer homogenen Masse vermengen.

2 Die Birnen schälen und in sechs gleich große Stücke schneiden. Das Kerngehäuse entfernen.

3 Die Birnenstreifen in die vorbereitete Marinade legen und vorsichtig umrühren.

4 Heizen Sie den Grill vor und legen Sie die Birnenstreifen auf den Platten aus. Lassen Sie diese bei mittlerer Hitze goldbraun grillen. Wenn Sie intensivere Geschmacksergebnisse erreichen wollen, können Sie die Birnen für ca. 20 Minuten im Kühlschrank ziehen lassen. So kann die Marinade besser einziehen und Sie erreichen intensivere Ergebnisse.

5 Die Rucolablätter gut waschen und von Stielen lösen.

6 Die Walnüsse klein hacken und mit den Rucolablättern in einer Schüssel vermengen.

7 Weißes Balsamico, Olivenöl und Ahornsirup hinzugeben und gut durchmischen.

8 Eine Portion Rucola-Walnuss-Salat auf dem Teller platzieren. Darauf dann die gegrillten Birnenstreifen auslegen.

9 Den Blauschimmelkäse in große Streifen schneiden und ebenfalls auf dem Teller platzieren.

Tipp: Damit das Gericht präsentabel aussieht, können Sie den Blauschimmelkäse und die Birnenstreifen wie eine Pyramide anordnen

Salat mit gegrillter Paprika, Fetakäse und Kräutern

Dauer: 20 Minuten | Portionen: 6-7

Zutaten:

Paprika, grün – 1,5 kg
Fetakäse – 200 g
Koriander, frisch – 20 g
Dill – 20 g
Rucola – 20 g
Honig – 2 EL
Sojasoße – 2 EL
Zitronensaft – 2 EL
Olivenöl
Salz nach Geschmack
Pfeffer nach Geschmack

Zubereitung:

1. Waschen Sie die Paprika und entkernen Sie diese. Schneiden Sie die Paprika in Hälften.

2. Heizen Sie den Grill vor und ölen Sie die Platten gut ein. Legen Sie die Paprikahälften auf den Grill und lassen Sie diese gut durchgrillen, bis sich typische Streifen zeigen.

3. Koriander, Rucola und Dill klein hacken oder mit den Händen zerreißen und auf einem Teller platzieren.

4. Den Fetakäse in kleine Würfel schneiden. Die gegrillte Paprika etwas abkühlen lassen und ebenso in mundgerechte Stücke schneiden.

5. Paprika und die Kräutermischung in einer Schüssel vorsichtig vermengen.

6 Die Kräuter-Paprika-Mischung mit dem Dressing vermischen, bis sich das Dressing gleichmäßig verteilt hat.

7 Nun können Sie die Fetawürfel drauflegen und nach Wunsch vermischen oder einfach als Beilage oben drauf lassen.

8 Servieren Sie den Salat am besten, solange die Paprika noch warm ist!

Zucchinisalat vom Grill

Dauer: 20 Minuten | Portionen: 3-4

Zutaten:

Zucchini – 650 g
Zwiebel – 1 Stück
Olivenöl
Salz nach Geschmack
Pfeffer nach Geschmack
Zitrone – 1 Stück
Petersilie – 30 g
Minze, frisch – 30 g
Parmesan – nach Geschmack, gerieben

Zubereitung:

1 Die Zucchini gut waschen und in Streifen schneiden. Die Zwiebel schälen und in Ringe schneiden. Das Gemüse in einer Schüssel vermengen und mit Olivenöl versehen, nach Geschmack salzen und pfeffern.

2 Den Grill vorheizen und die Platten etwas einölen. Das Gemüse darauf verteilen und ca. 3-5 Minuten auf dem Grill lassen, bis sich typische Grillstreifen auf den Zucchinistreifen zeigen.

3 Das Gemüse in eine Schüssel legen, ein wenig Olivenöl hinzugeben. Minze und Petersilie fein hacken und zum Grillgemüse hinzugeben.

4 Die Zitronenschale abreiben. Die Zitrone auspressen. Beides in die Schüssel geben und gut umrühren, bis sich alles gleichmäßig verteilt hat.

5 Servieren Sie den Salat am besten, solange das Grillgemüse noch warm ist.

Hauptgerichte

Mit Fleisch

Fleischbällchen vom Grill

Dauer: 30 Minuten | Portionen: 4

Zutaten:

Hähnchenhackfleisch – 330 g
Schweinehackfleisch – 330 g
Parmesan – 100 g
Mozzarella (Kugeln) – 18 Stück
Basilikum (fein gehackt) – 30 g
Ei – 1 Stück
Zwiebel, gerieben – ½ oder 1 Stück
Knoblauch – 2 Zehen, gepresst in der Knoblauchpresse
Origano – 1 ½ TL
Salz – 1 TL
Pfeffer – 1 TL
Chilipulver – ½ TL
Olivenöl
Holzspieße
Als Beilage:
Spaghetti – 230 g
Tomatensoße (optional)

Zubereitung:

1 Den Grill vorheizen. Die Platten gut einölen.

2 In einer großen Schüssel Hähnchenhackfleisch und Schweinehackfleisch vermischen. Das Ei schlagen und dazugeben. Basilikum, Parmesan, Zwiebeln, Knoblauch Origano, Salz und Pfeffer einmischen.

3 Aus der Hackfleischmasse ca. 16-18 Bällchen formen (ca. eine Handvoll pro Bällchen). Die Hackfleischbällchen auf eine saubere Arbeitsfläche legen und in der Mitte eine Vertiefung formen. In die Vertiefung pro Bällchen jeweils eine Mozzarellakugel legen und das Hackfleisch wieder zumachen.

4 Währenddessen Spaghetti im gesalzenen Wasser ca. 10 Minuten lang kochen, dann das Wasser abgießen.

5 Die Hackfleischbällchen mit Olivenöl versehen, nach Geschmack salzen und pfeffern. Nehmen Sie immer ein Bällchen und ziehen Sie es auf zwei Holzspieße. Ein Holzspieß sollte durch die eine Hälfte des Hackfleischbällchens gehen, der andere durch die andere Hälfte.

6 Legen Sie die Spieße auf den Grill und lassen Sie diese von jeder Seite ca. 5 Minuten lang grillen. Die Temperatur sollte dabei bei mindestens 80 Grad liegen.

7 Sobald die Hackfleischbällchen fertig sind, sofort mit Spaghetti und Tomatensoße servieren.

Pizza vom Grill

Dauer 45 min | Portion: 2

Zutaten:

Rinderhackfleisch – 400 g
Tomatensoße – 1 Glas
Senf – 2 EL
Pizzateig – 1 Stück
Salat (klein gerissen) – 1 Glas
Tomate (in Scheiben geschnitten) – 1 Stück
Salz – eine Prise
Pfeffer – eine Prise
Zwiebeln (in Streifen geschnitten) – 1 Stück
Gewürzgurken (in Scheiben geschnitten) – ½ Glas
Cheddar (gerieben) – 1 Glas
Mozzarella (gerieben) – 1 Glas
Olivenöl

Zubereitung:

1 Den Grill vorheizen, die Platten gut einölen. Aus Hackfleisch drei gleich große Frikadellen formen und auf den Grill legen. Dann ca. 5 Minuten lang grillen lassen.

2 Währenddessen Tomatensoße und Senf vermischen und den Teig damit bestreichen. Den Teig anschließend mit Salat und Tomaten belegen. Salzen und pfeffern nach Geschmack.

3 Fertige Frikadellen schneiden und auf die Tomaten legen. Darüber Zwiebeln, Gurken und Käse geben.

4 Die Pizza auf mehrere Schichten Alufolie platzieren und auf den Grill legen. Ca. 12-15 Minuten lang grillen lassen, bis der Teig goldbraun ist und der Käse geschmolzen. Die Pizza vom Grill nehmen und ca. 5-10 Minuten lang abkühlen lassen.

Steak mit Gemüse

Dauer 45 min | Portion: 2

Zutaten:

1 Steak ca. 300g

1 Tomate

1 Avocado

1 Zucchini

Salz

Pfeffer

Zubereitung:

1 Das Steak ca. 2 Stunden vor dem Grillen aus dem Kühlschrank nehmen, um es auf Zimmertemperatur zu bringen.

2 Die Grillplatte wird leicht mit Öl bepinselt und der Kontaktgrill wird auf die maximale Temperatur eingestellt. In der Zwischenzeit kann das Steak mit Meersalz auf beiden Seiten gewürzt werden.

3 Beim Erreich der Maximaltemperatur wird das Steak raufgelegt. Nach der 90/90 Methode wird das Steak nach 90 Sekunden um 90 Grad gedreht.

4 Anschließend kommt das Steak in den Backofen auf 100 Grad Ober-/Unterhitze, bis es zur gewünschten Kerntermperatur fertig gegart wird. Medium hat eine Kerntermpeartur von 55-56 Grad.

5 In der Zwischenzeit den Zucchini an beiden Enden abschneiden, in 1cm lange Scheiben schneiden und circa 50 Sekunden auf dem Kontaktgrill grillen. Die Avocado halbieren und ebenfalls 50 Sekunden grillen. Die Grilltomate sollte ebenfalls halbiert werden, jedoch muss sie 2 Minuten auf dem Kontaktgrill gegrillt werden. Alles mit Meersalz, Paprikapulver, Thymian und ein paar Tropfen Olivenöl würzen.

6 In der Zwischenzeit hat das Steak die gewünschte Kerntemperatur erreicht und es kann angerichtet werden. Das Steak wird auf einen vorgewärmten Teller gelegt. Gewürzt wird es nur noch mit Pfeffer aus der Mühle. Die gegrillten Zucchinischeiben, die Grilltomate und die Avocado werden neben dem Steak angerichtet und bei Bedarf mit Salz und Pfeffer gewürzt.

Spareribs direkt vom Grill

Dauer: 40 Minuten | Portionen: 4

Zutaten:

Rippchen bzw. Sparertibs – etwa drei Kilogramm
Ketchup – eineinhalb Tassen
Honig – fünf Esslöffel
Orangensaft – fünf Esslöffel
Zucker – drei Esslöffel
Ingwerpulver – drei Esslöffel
Zwiebeln – drei gewürfelte
Knoblauchzehen – drei gepresste
Sojasoße – sechs Esslöffel
Senf – drei Teelöffel
Paprikapulver – einen Teelöffel
Pfeffer – drei Teelöffel
Salz
Apfelessig – sechs Esslöffel

Zubereitung:

1 Alle oben genannten Zutaten zusammen in einen Kochtopf geben und kurz aufkochen lassen, um die Marinade herzustellen.

2 Danach die Temperatur herunterstellen und für 15 Minuten köcheln lassen.

3 Jetzt die Spareribs waschen und so schneiden, dass immer vier Rippchen an einem Stück bleiben. Diese in eine große Schüssel mit der Marinade legen und für 12 Stunden ziehen lassen.

4 Am nächsten Tag für knapp 30 Minuten auf den Kontaktgrill legen.

Hacksteakburger

Zutaten:

2 Vollkornbrötchen
300 g Rindertatar
1 EL grüne Pfefferkörner
1 kleine rote Zwiebel
1 TL Curry-Paste
1 Tomate
2 EL Mango Chutney

Zubereitung:

1 Die abgetropften Pfefferkörner fein hacken und der Curry Paste und dem Tatar in einer Schüssel mischen. Anschließend das ganze leicht salzen.

2 Die geschälte Zwiebel in Ringe schneiden, Tomaten in Scheiben schneiden und Salatblätter waschen und schleudern,

3 Nun aus dem Fleisch zwei gleich große Burger formen und von jeder Seite etwa drei Minuten grillen.

4 Zwei Brötchenhälften mit Salatblättern belegen, je einen Hamburger darauf legen und die übrigen Zutaten gleichmäßig auf beide Hälften verteilen. Die andere Brötchenhälfte bildet den Abschluss.

5 Dank der Vollkornbrötchen und des fruchtigen Chutneys hat diese Hamburger-Variante viel Eiweiß und ungesättigte Fettsäuren.

Leckere Minuten Steaks mit Kräuterbutter

Dauer: 30 Minuten | Portionen: 4

Zutaten:

Steaks vom Rind oder Schwein – insgesamt acht kleine
Kräuterbutter – zwei Päckchen
Weißbrot – acht Scheiben
Kopfsalat – etwa 16 Blätter
Salz und Pfeffer zum Würzen

Zubereitung:

1. Zu Beginn den Kontaktgrill auf Betriebstemperatur vorheizen.
2. Danach das Brot mit der Kräuterbutter bestreichen.
3. Die Steaks mit Salz und Pfeffer nach Wunsch würzen. Diese für etwa 8 Minuten auf dem Kontaktgrill legen.
4. Jetzt den Salat waschen. Auf die fertigen Toastscheiben je ein Salatblatt legen.
5. Die Steaks aus dem Grill holen und ebenfalls auf den Toast legen.

Fleischwurst mit Apfel und Püree

Dauer: 50 Minuten | Portionen: 4

Zutaten:

Fleischwurst – insgesamt ein Ring
Apfel – einen
Ketchup – vier Esslöffel
Senf – vier Esslöffel
Gewürze – Salz und Pfeffer
Kartoffeln – 400 Gramm
Butter – 20 Gramm
Milch – 125 Milliliter

Zubereitung:

1. Am Anfang wie gewohnt das Kartoffelpürre zubereiten.
2. In der Zwischenzeit die Fleischwurst von ihrer Haut entfernen. Danach die Wurst auf ein Brettchen legen und oben dreiecksförmig hineinschneiden. So, dass die Apfelstücke hineinpassen.
3. Der Apfel wird nun geschält und in kleine Stücke geschnitten.
4. Damit Sie eine leckere Soße haben, Ketchup, Senf und Gewürze zusammen in einer Tasse vermischen.
5. Jetzt die Apfelstücke in die Fleischwurst stecken und mit Soße bestreichen.
6. Den Wurstring nun in Alufolie legen und verschließen.
7. Die eingepackte Wurst dann für etwa 30 Minuten auf den Kontaktgrill legen.
8. Danach zusammen mit dem Pürree servieren.

Rinderroulade vom Grill

Dauer: 50 Minuten | Portionen: 4-5

Zutaten:

Rinderrouladen – 700 g
Paprika – 1 Stück
Basilikum – 10 Blätter
Cheddarkäse – 70 g
Für die Soße:
Zwiebel – 80 g
Bacon – 70 g
Kaffee, stark – 150 ml
Sahne 33% - 120 ml
Senf – 2 EL
Worcestershiresauce – 2 EL
Tomatensoße oder Ketchup – 2 EL
Honig – 1 EL

Zubereitung:

1 Zunächst bereiten Sie die Soße vor. Dafür schälen Sie zu allererst die Zwiebel und schneiden Sie in kleine Würfel. Braten Sie die Zwiebelwürfel sowie Bacon zusammen, bis das Bacon knusprig ist.

2 Fügen Sie darauf Kaffee, Sahne, Worcestershiresauce, Senf, Ketchup und Honig hinzu. Lassen Sie das Ganze ca. 3-5 Minuten köcheln. Nehmen Sie die Soße vom Herd und pürieren Sie alle Zutaten, bis Sie eine homogene Masse erhalten. Lassen Sie die Soße nun abkühlen.

3 Heizen Sie den Grill vor. Ölen Sie die Platten gut ein. Waschen und entkernen Sie die Paprika, schneiden Sie sie in Hälften. Legen Sie die Paprika auf den Grill und warten Sie, bis Sie typische Grillstreifen erreicht haben. Nehmen Sie die Paprika vom Grill und entfernen Sie die Haut.

4 Schneiden Sie die Rinderrouladen der Länge nach, aber nicht komplett, sondern wie ein „Buch". Die Stücke müssen miteinander verbunden bleiben. Geben Sie in die Mitte der Rinderrouladen etwas Senf, Salz und Pfeffer.

5 Schneiden Sie die Paprika in kleine Stücke und legen Sie diese in die Rinderrouladen. Geben Sie auch Basilikum und Cheddar dazu. Rollen Sie die Rouladen zusammen. Salzen und pfeffern Sie diese von außen nach Geschmack. Nähen Sie die Rouladen an einigen Stellen zu, damit der Inhalt nicht herausfällt und sie sich nicht aufrollen.

6 Erhitzen Sie den Grill auf ca. 200 Grad und lassen Sie die Rouladen ca. 20 Minuten lang drin. Holen Sie diese heraus und wickeln sie in Alufolie ein. Legen Sie die Rouladen erneut in den Grill und lassen sie weitere 10 Minuten drin.

7 Servieren Sie die fertigen Rouladen mit der zuvor zubereiteten Soße.

Burger vom Grill mit Mozzarella

Dauer: 30 Minuten | Portionen: 6

Zutaten:

Burgerbrötchen – 6 Stück
Rinderhackfleisch – 450 g
Putenhackfleisch – 230 g
Mozzarella – 60 g
Tomatensoße mit Basilikum – 120 ml
Origano – 1 TL
Basilikum – 1TL
Salz – ½ TL
Fenchel, Samen, gemahlen – 0,5 TL
Knoblauchpulver – eine Prise
Olivenöl

Zubereitung:

1 Grill vorheizen. Die Platten gut einölen.

2 Das Rinderhackfleisch mit Putenhackfleisch vermischen. Origano, Basilikum, Salz, Fenchel und Knoblauchpulver hinzugeben.

3 Hackfleisch in 6 gleich große Portionen aufteilen und burgergerechte Frikadellen formen. (ca. 1,5 cm dick)

4 Die Frikadellen auf den Grill legen und ca. 5 Minuten lang grillen lassen. Danach wenden und weitere 2 Minuten grillen lassen.

5 Die Mozzarellascheiben auf die Frikadellen legen und weitere 3-5 Minuten grillen lassen, bis diese vollständig durch sind. Sie können die Dauer natürlich variieren.

6 Die Brötchen halbieren und für ca. 1 Minute auf den Grill legen.

7 Auf jede untere Brötchenhälfte eine Frikadelle legen, darauf ca. 2 EL Soße und abschließend die obere Hälfte des Brötchens.

8 Servieren Sie die Burger, solange diese noch heiß sind!

Cordon Bleu vom Grill

Dauer: 25 Minuten | Portionen: 6

Zutaten:

Hähnchenbrustfilet – 6 Stück (ca. 600 g)
Käse (Gouda oder Tilsiter) – 6 Scheiben
Schinken – 6 Scheiben
Olivenöl – 3 EL
Paniermehl – ¾ Glas
Salz und Pfeffer nach Geschmack

Zubereitung:

1 Die Hähnchenbrustfilets mit einem Fleischklopfer bearbeiten, bis diese ca. 0,6 cm dick sind. In die Mitte von jedem Filet eine Scheibe Käse und eine Scheibe Schinken legen. Verbinden Sie die Ränder der Filets in der Mitte und befestigen Sie diese mit Zahnstochern.

2 In einen flachen Teller Paniermehl geben und nach Geschmack salzen und pfeffern. Den Grill vorheizen und die Platten ein wenig einölen.

3 Die Hähnchenbrustfilets einölen und in Paniermehl panieren. Die Filets auf den Grill legen und ca. 15-18 Minuten lang grillen lassen, bis der austretende Saft klar ist.

4 Servieren Sie die Cordon Bleu Filets solange diese noch warm sind!

Hähnchenburger vom Grill

Dauer: 20 Minuten | Portionen: 4

Zutaten:

Hähnchenbrustfilet – 4 Stück
Sojasoße – 2/3 Glas
Apfelessig – ¼ Glas
Zucker – 2 EL
Olivenöl – 2 TL
Jalapenos – 100 g
Käse – 4 Scheiben
Burgerbrötchen – 4 Stück

1 Hähnchenbrustfilets mit dem Fleischklopfer bearbeiten und in eine Plastiktüte legen. In einer Schüssel Sojasoße, Essig, Zucker und Öl vermischen. ¼ der Marinade zur Seite nehmen; geben Sie den Rest in die Tüte zu den Filets und lassen Sie diese für ca. 1 Stunde im Kühlschrank.

2 Den Grill vorheizen. Die Filets auf den Grill legen und von beiden Seiten ca. 3 Minuten lang grillen. Dann noch etwas Marinade darüber geben und weitere 3 Minuten grillen.

3 Legen Sie die Jalapenos und Käsescheiben auf die Filets und lassen Sie alles ca. 1 Minute lang auf dem Grill. Legen Sie dann alles zusammen auf die Burgerbrötchen.

4 Sie können die Burgerbrötchen auch je nach Wunsch mit etwas Tomatensoße oder Ketchup versehen.

Scharfe Chicken Wings vom Grill

Dauer: 25 Minuten | Portionen: 8

Zutaten:

Chicken Wings – 1,3 kg
Für die Marinade:
Butter – 4 EL
Olivenöl – ¼ Glas
Knoblauch, gehackt – 1 EL
Ingwer, gehackt – 1 EL
Scharfe Soße (z.B. Sambal Oelek) – 1 EL
Chilipulver – 2 TL
Geriebene Zitronenschale – 1 TL
Paprikapulver – 1 TL
Salz – ½ TL
Zitronensaft – ¼ Glas
Honig – nach Geschmack
Koriander, fein gehackt – nach Geschmack

Zubereitung:

1 Den Grill vorheizen und die Platten gut einölen.

2 Die Hähnchenflügel ca. 15 Minuten lang vorkochen. Danach auf der Küchenrolle zum Abtrocknen auslegen.

3 Bereiten Sie die Marinade zu. In der Kasserolle Butter und Olivenöl erhitzen. Geben Sie Knoblauch, Ingwer, scharfe Soße, Chilipulver, Zitronenschale, Paprikapulver und Salz hinzu. Lassen Sie die Zutaten ca. 3-4 Minuten lang kochen, geben Sie dann den Zitronensaft hinzu und lassen es anschließend weitere 2-3 Minuten kochen.

4 Die Hähnchenflügel in eine große Schüssel legen und mit der Hälfte der Soße vermischen, alles gut durchrühren, damit die Soße sich gut verteilen kann. Wenn Sie einen intensiveren Geschmack erreichen wollen, können Sie die Hähnchenflügel 30 Minuten bis ca. 2 Stunden im Kühlschrank ziehen lassen.

5 Legen Sie die Hähnchenflügel auf den Grill und lassen diese 5-6 Minuten grillen, wenden Sie diese ab und zu.

6 Vermischen Sie die Chicken Wings mit der restlichen Soße und geben Sie etwas Honig und Koriander darüber. Servieren Sie die Chicken Wings, solange diese warm sind!

Mit Fisch

Gegrillte Kammmuscheln mit Grapefruit

Dauer: 25-30 Minuten | Portionen: 4

Zutaten:

Kammmuscheln – 12 Stück
Grapefruit – 2 Stück
Grapefruitsaft – 1 Glas
Honig – 5 EL
Salz nach Geschmack
Pfeffer nach Geschmack
Olivenöl

Zubereitung:

1 Heizen Sie den Grill vor. Ölen Sie die Grillplatten gut ein. Die Grapefruits schälen und in Scheiben schneiden.

2 In einer kleinen Kasserolle Honig mit Grapefruitsaft zum Kochen bringen. Dann bei mittlerer Hitze weiterkochen, bis sich die Flüssigkeit sich auf ca. 1/3 Glas reduziert. Die Flüssigkeit nach Geschmack salzen und pfeffern.

3 Die Kammmuscheln salzen und pfeffern. Dann zusammen mit den Grapefruitscheiben auf einer Folie auslegen. Etwas Olivenöl darüber geben.

4 Die Kammmuscheln sowie die Grapefruitscheiben auf den Grill legen. Die Kammmuscheln etwa 2-3 Minuten lang grillen, die Grapefruitscheiben ca. 1-2 Minuten von jeder Seite.

5 Die Kammmuscheln und Grapefruitscheiben auf dem Teller platzieren. Direkt die Honig-Grapefruit-Soße darüber geben und nach Geschmack einige Kräuter darüber geben. Servieren, solange das Gericht noch heiß ist.

Scharfe Calamari vom Grill

Dauer: 20 Minuten | Portionen: 3

Zutaten:

Calamari – 3 Stück
Chilischoten – 3 Stück
Brauner Zucker – 1 EL
Sojasoße – 1 EL
Essig – 1 TL
Senf – 1 TL
Ingwer – 10 g
Schnittlauch – 10 g
Knoblauch – 1 Zehe
Reis als Beilage (optional)

1 Knoblauch und Ingwer fein schneiden. Chilischoten in Ringe schneiden, 2-3 Ringe für die Dekoration zur Seite legen. Schnittlauch ebenso fein hacken.

2 In einer Schüssel das Gemüse vermischen, Sojasoße, Essig, Zucker und Senf hinzugeben. Alles gut vermengen.

3 Die Calamari gut waschen und einige kleine Einschnitte machen. Die Calamari in die zuvor zubereitete Marinade legen und für 10-30 Minuten im Kühlschrank ziehen lassen.

4 Den Grill vorheizen und die Platten einölen. Die Filets ca. 4-5 Minuten auf jeder Seite grillen lassen.

5 Die restliche Marinade im Topf aufkochen. Die Calamari mit scharfer Soße und Reis servieren, solange diese noch heiß sind.

Lachs vom Grill

Dauer: 20 Minuten | Portionen: 4

Zutaten:

Gurke (geschält, entkernt, klein gewürfelt) – 2 Stück
Zwiebeln, rot – 1 Stück
Chilischote (fein gehackt, entkernt) – 1 Stück
Ingwer (geschält, gerieben) – 2 EL
Reisessig – 2 EL
Sesamöl – ½ TL
Lachsfilet – 4 Stück
Norialgen – 1 Blatt

Zubereitung:

1. In einer kleinen Schüssel die Gurken, Zwiebeln, Chili, Ingwer, Reisessig und Sesamöl vermischen und zudecken. Bis zum Servieren zugedeckt lassen.

2. Den Grill vorheizen und die Platten gut einölen. Die Lachfilets auf den Grill legen und ca. 2 Minuten lang grillen, dann wenden und weitere 2 Minuten grillen. Die Filets müssen rosa sein.

3. Servieren Sie die Lachsfilets mit der zuvor zubereiteten Soße. Dekorieren Sie die Filets mit einigen Noristreifen.

Thunfisch vom Grill

Dauer: 15 Minuten | Portionen: 4

Zutaten:

Thunfischsteaks, ca. 2,5 cm dick – 4 Stück (je ca. 180 g)
Gurke (geschält, gewürfelt) – 1 Stück
Zwiebel, rot, gewürfelt - 6 EL
Ingwer, eingelegt, fein gehackt - 6 EL
Olivenöl - 1 EL
Pfeffer - ½ TL
Salz - ¼ TL
Olivenöl
Koriander, frisch, fein gehackt - 3 EL
Limettensaft - 1 ½ TL

Zubereitung:

1 Heizen Sie den Grill vor und ölen Sie die Platten gut ein.

2 Die Thunfischsteaks von allen Seiten gut mit Olivenöl einölen. Salzen und pfeffern Sie diese nach Geschmack.

3 Legen Sie die Thunfischsteaks auf den Grill und lassen Sie diese ca. 3 Minuten lang auf jeder Seite grillen.

4 Währenddessen die Soße zubereiten. In einer kleinen Schale vermengen Sie die Gurke, Zwiebeln, Ingwer, Koriander und Limettensaft.

5 Servieren Sie den Thunfisch zusammen mit der Soße, solange der Fisch noch heiß ist.

Tipp: *Thunfisch ist voll mit Eiweiß und damit nicht nur unheimlich gesund, sondern auch sehr gut für einen ausgewogenen Eiweißhaushalt!*

Vegetarisch

Süßkartoffeln vom Grill

Dauer: 20 Minuten | Portionen: 2-3

Zutaten:

Süßkartoffeln – 2 Stück
Butter – 2 EL
Honig – 2 TL
Knoblauchsalz – nach Geschmack
Pfeffer – nach Geschmack

Zubereitung:

1. Waschen Sie die Süßkartoffeln und schneiden Sie diese in Hälften.
2. Bereiten Sie zwei Alufolienzuschnitte mit der Größe 45 x 30 cm vor.
3. Legen Sie auf jeden Alufolienzuschnitt eine halbe Süßkartoffel. Die Schnittseite vorher mit Butter versehen.
4. Legen Sie dann die zweite Hälfte der Süßkartoffel auf die Schnittstelle.
5. Wickeln Sie die gesamte Kartoffel mit der Folie ein. Achten Sie dabei gut darauf, die Schließstellen gut zu verknüpfen.
6. Heizen Sie den Grill vor. Legen Sie die Süßkartoffeln auf den Grill und lassen Sie diese bei mittlerer Hitze ca. 30 Minuten lang grillen. Wenden Sie diese am besten nach 15 Minuten.
7. Nehmen Sie die fertigen Süßkartoffeln vom Grill. Diese sollten weich sein, sofern sie fertig sind. Pürieren Sie die Süßkartoffeln und würzen diese mit Honig, Knoblauchsalz sowie Pfeffer nach Geschmack.
8. Am besten direkt warm servieren!

Kürbisspieße vom Grill

Dauer: 20 Minuten | Portionen: 5-6

Zutaten:

Kürbis (geschält, in Würfel geschnitten) – 1 kg
Butter – 3 EL
Curry-Pulver – 1 TL
Salz, Pfeffer – ¼ TL

Zubereitung:

1. Den Grill vorheizen und die Platten einölen. In einer kleinen Schüssel Butter, Curry und Salz vermischen und über die Kürbiswürfel geben.

2. Die Kürbiswürfel in Alufolie einwickeln und in den Grill legen. Ca. 20-25 Minuten ziehen lassen, bis sie weich werden. Dann vom Grill nehmen und abkühlen lassen.

3. Die Kürbiswürfel aufspießen und ca. 3-5 Minuten grillen lassen, bis sie typische Grillstreifen aufweisen. Heiß servieren.

Kartoffel-Tomaten-Pfanne vom Grill

Dauer: 20 Minuten | Portionen: 4

Zutaten:

Kartoffeln – 900 g
Weißer Weinessig – 1 TL
Olivenöl – 7 EL
Schnittlauch, fein gehackt – 45 g
Cherrytomaten – 10-11 Stück
Salz und Pfeffer nach Geschmack

Zubereitung:

1 Heizen Sie den Grill vor. Die Kartoffeln in einem leicht gesalzenen Wasser ca. 10 Minuten lang kochen, bis diese weich sind.

2 In der Zeit bereiten Sie die Soße für das Gericht vor. In einer kleinen Schüssel Schnittlauch, Weinessig und 5 EL Olivenöl vermischen. Die gekochten Kartoffeln aus dem Wasser herausnehmen und in Hälften schneiden. Salzen und pfeffern Sie die Kartoffeln nach Geschmack.

3 Wenn der Grill ausreichend vorgeheizt ist, nehmen Sie immer eine halbe Kartoffel, tauchen Sie diese in Öl und legen Sie auf den Grill mit der Schnittfläche nach unten. Lassen Sie die Kartoffeln ca. 5 Minuten lang grillen bis sie die richtige Konsistenz haben.

4 Wenden Sie die Kartoffeln und lassen Sie diese weitere 3 Minuten grillen. Legen Sie die fertigen Kartoffeln in eine Schüssel, geben Sie die Soße darüber und rühren Sie alles gut um, damit die Soße sich gut verteilen kann.

5 Legen Sie halbierte Tomaten auf den Grill und lassen Sie diese ca. 3 Minuten lang grillen.

6 Servieren Sie die Kartoffeln zusammen mit den Tomaten.

Gefüllte Paprika vom Grill

Dauer: 20 Minuten | Portionen: 4

Zutaten:

Olivenöl – ½ Glas + 2 EL
Parmesan – 100 g
Frische Basilikumblätter – 26 Stück
Sonnenblumenkerne oder Walnüsse – 2 EL
Knoblauchzehen – 4 Zehen
Paprika – 1 Stück
Maiskörner – 2 Dosen
Paprika, mittelgroß – 4 Stück
Parmesan – zum Servieren

Zubereitung:

1. Heizen Sie den Grill vor und ölen Sie die Platten gut ein.
2. Bereiten Sie Pesto zu. Geben Sie in eine Schüssel ½ Glas Olivenöl, 100 g Parmesan, Basilikum, Sonnenblumenkerne oder Walnüsse und Knoblauch. Pürieren Sie alle Zutaten, bis Sie eine homogene Masse aus allen Zutaten erhalten.
3. Eine Paprika waschen, von Kernen befreien und klein schneiden. In einer großen Pfanne etwas Olivenöl erhitzen. Die Paprikastücke anbraten bis diese weich sind. Maiskörner und Pesto hinzugeben und alles gut durchrühren.
4. Paprika waschen, in Hälften schneiden und entkernen. Die Paprikahälften auf den Grill legen und ca. Minuten lang bei mittlerer Hitze grillen lassen. Dann die Paprikahälften füllen und für weitere 4-6 Minuten grillen lassen.
5. Zum Servieren etwas Parmesan über die Paprika streuen und heiß servieren.

Desserts

Gegrillte Aprikosen mit Ingwer und Sahne

Dauer: 15 Minuten | Portionen: 4

Zutaten:

Ingwer (fein gehackt) – 1 EL
Schlagsahne – ½ Glas
Zucker – 1 EL
Aprikosen (ohne Stein, halbiert) – 8 Stück
Butter – 1 EL
Zucker, braun – 4EL
Kardamom – eine Prise

Zubereitung:

1 Den Grill vorheizen. Ingwer auspressen und den Ingwersaft in eine kleine Schüssel abtropfen lassen. Schlagsahne und Zucker hinzugeben. Schlagen, bis sich feste Sahne bildet. Mit Frischhaltefolie abdecken und in den Kühlschrank stellen.

2 Die halben Aprikosen mit der Schnittfläche nach oben legen. Oben drauf ein bisschen Butter, braunen Zucker und Kardamom legen. Grillen, bis die Aprikosen etwas bräunlich werden, ca. 2-5 Minuten bei mittlerer Hitze. Die Aprikosen mit Schlagsahne servieren solange diese noch warm sind!

3 *Hinweis: Achten Sie darauf, dass die Schlagsahne kalt ist, so können Sie schneller bessere Ergebnisse erzielen. Schlagen Sie die Sahne nicht zu lange, da sich das Fett sonst abspaltet.*

Ananasspieße vom Grill

Dauer: 25 Minuten | Portionen: 4

Zutaten:

Ananas, geschält, in Stücke geschnitten – 1 Stück
1 TL Chilipulver oder eine getrocknete Chilischote
Puderzucker – 1 EL oder nach Geschmack

Für den Sirup:

Weißer Rum – 100 ml
Puderzucker – 100 g
Ingwer – 3 cm, fein gehackt
Zitronengras – 1 Stiel
Zitronenschale und Zitronensaft einer ganzen Zitrone
Limettenschale und Limettensaft einer ganzen Limette
Getrocknete Chilischote – 1 Stück

Zubereitung:

1. Für die Zubereitung des Sirups mischen Sie alle genannten Zutaten in einem kleinen Topf und gießen Sie diese mit 200 ml Wasser auf. Lassen Sie alle Zutaten aufkochen. Wenn der Zucker sich aufgelöst hat, lassen Sie alles abkühlen und gießen Sie die Flüssigkeit in ein Auffanggefäß ab, das ist der fertige Sirup.

2. Legen Sie die Ananasstücke im Sirup ein und lassen Sie diese im Kühlschrank ca. 8 Stunden lang oder über Nacht ziehen.

3. Zerstampfen Sie in einer kleinen Schüssel Salz und Chilipulver. Geben Sie so viel Zucker dazu, dass eine gute Balance zwischen süß und salzig bzw. scharf hergestellt ist.

4 Heizen Sie den Grill vor. Legen Sie die Ananasstücke auf den Grill. Lassen Sie diese 5-10 Minuten lang grillen und wenden Sie die Ananasstücke ab und zu, bis diese karamellisiert sind.

5 Servieren Sie die fertige Ananas mit etwas „Chilizucker".

Nachtisch aus diversen gegrillten Früchten

Dauer: 20 Minuten | Portionen: 3-4

Zutaten:

Ananas (geschält) – 4 Scheiben, ca. 1,5 cm dick
Pfirsich (in Hälften geschnitten) – 2 Stück
Pflaumen (in Hälften geschnitten) – 2 Stück
Olivenöl oder Sonnenblumenöl
Vanilleeis zum Servieren
Süße Chips (beispielsweise aus Pita) – 12 Stück

Zubereitung:

1. Den Grill vorheizen und die Platten gut einölen.
2. Das Obst mit ein bisschen Öl versehen. Legen Sie das Obst auf den Grill und lassen Sie es für etwa 3 Minuten grillen.
3. Das Obst auf einen Teller legen. Von den Pfirsichen die Haut abziehen und das Fruchtfleisch in Würfel schneiden. Auch andere Früchte in mundgerechte Stücke schneiden.
4. Auf jeden Teller etwas von dem Obst legen, dazu eine große Kugel Vanilleeis.
5. Sie können das Rezept auch mit süßen Chips servieren. Dafür einfach Puderzucker und Zimt vermischen und mit Wasser zu einer streichfertigen Masse bringen. Pita in kleine Stücke reißen und jedes Stück mit etwas Zucker-Zimt-Paste versehen. Die Pitachips auf den Grill legen und 2-4 Minuten drauflassen, bis das Brot knusprig ist.

Apfeldessert vom Grill

Dauer: 20 Minuten | Portionen: 4

Zutaten:

Äpfel (geschält und in Streifen geschnitten) – 10 Stück
Haferflocken, fein – 1 Glas
Brauner Zucker – 1 Glas
Mehl – ¼ Glas
Zimt – 3 TL
Muskatnuss – 1 TL
Nelke – ¼ TL
Butter – 50 g
Vanilleeis zum Servieren

Zubereitung:

1 Aus mehreren Alufolieschichten ein Rechteck mit den Maßen 60x30 cm zuschneiden. Auf diese Fläche die Apfelstücke auslegen.

2 Den Grill vorheizen. In einer kleinen Schüssel Haferflocken, braunen Zucker, Mehl, Zimt Muskatnuss und Nelke vermischen. Butter in kleine Würfel schneiden und in die Haferflocken geben. Gut umrühren, damit sich eine homogene Masse, keksteigähnliche Masse bildet. Die Haferflockenmischung dann über die Äpfel geben.

3 Die Alufolie zusammenfalten und daraus eine „Tasche“ um den Inhalt herum formen; dieser muss gut abgedichtet sein. Auf den Grill legen und den Apfelnachtisch ca. 20-25 Minuten grillen lassen.

4 Mit einer großen Kugel Vanilleeis servieren, solange die Äpfel noch heiß sind.

Beerensalat mit gegrillten Nektarinen

Dauer: 20 Minuten | Portionen: 4

Zutaten:

Nektarinen (ohne Stein, in Hälften geschnitten) – 4 Stück
Erdbeeren, frisch – 350 g
Himbeeren – ½ Glas
Blaubeeren – 1/3 Glas
Zucker – 2 EL
Zitronensaft – 1 TL
Salz nach Geschmack
Olivenöl oder Sonnenblumenöl

Zubereitung:

1. Den Grill vorheizen und die Platten gut einölen.
2. In einer mittelgroßen Schüssel Erdbeeren, Himbeeren, Blaubeeren, Zucker, Zitronensaft und eine Prise Salz vermengen.
3. Die Schnittflächen der Nektarinen mit ein wenig Öl bestreichen und auf den Grill mit den Schnittflächen nach unten legen. Lassen Sie die Nektarinen ca. 5-6 Minuten lang grillen, bis sich weich sind.
4. Auf jeden Teller zwei Nektarinenhälften legen, oben drauf eine Portion Beerensalat.
5. Servieren Sie den Salat, solange die Nektarinen noch warm sind. Optional können Sie noch eine Kugel Vanilleeis dazu servieren.

Keks mit Zimt und Vanille

Dauer: 20 Minuten | Portionen: 5-6

Zutaten:

Ananas, aus der Dose, in Scheiben – 600 g
Kuchenscheiben (fertig gekauft) – 6 Stück
Butter – 1 EL
Brauner Zucker – ½ TL
Vanillearoma – ¼ TL
Zimt – eine Prise oder nach Geschmack
Muskatnuss – eine Prise oder nach Geschmack
Vanilleeis zum Servieren
Karamellsoße zum Servieren

Zubereitung:

1 Aus der Dose 1/3 des Ananassaftes in eine kleine Schüssel abgießen, den Rest abtropfen.

2 Den Grill vorheizen. In einer mikrowellengeeigneten Schüssel Butter, Zucker, Vanillearoma, Zimt, Muskatnuss und 1/3 des Ananassaftes vermischen. Die Schüssel in die Mikrowellen stellen und für 1-2 Minuten drin lassen. Am Ende sollten Sie eine homogene Masse haben.

3 Die Ananasscheiben sowie die Kuchenscheiben mit dem Ananassirup bestreichen und auf den Grill legen. Lassen Sie diese ca. 1-2 Minuten auf dem Grill, geben Sie immer mal wieder ein wenig überbleibenden Sirup hinzu.

4 Auf jeden Teller ein Stück Kuchen, eine Ananasscheibe und eine Kugel Eis legen. Geben Sie etwas Karamellsoße drüber.

5 Servieren Sie den Nachtisch, solange die Kuchenscheiben und die Ananasscheiben noch warm sind.

Gegrillter Pfirsich mit Himbeersoße

Dauer: 15 Minuten | Portionen: 2

Zutaten:

Pfirsich oder Nektarinen – 5-6 Stück
Honig – 1 TL
Brauner Zucker – 0,5 TL
Zimt – zwei Prisen
Himbeeren – 150 g
Butter
Rum
Frische Minze – für die Dekoration
Salz – eine Prise

Zubereitung:

1 Waschen Sie die Pfirsiche und schneiden Sie diese in Hälften, entfernen Sie den Stein.

2 Himbeeren in einen Topf legen und pürieren. Den Topf auf den Herd stellen.

3 Lassen Sie die Himbeeren eine kurze Zeit lang kochen. Nehmen Sie den Topf vom Herd und fügen Sie etwas Honig, braunen Zucker, Zimt und Salz hinzu.

4 Durchsieben Sie die Himbeermasse und entfernen Sie das Fruchtfleisch. Das Himbeersirup wieder auf den Herd bringen und bis zu einer zähflüssigen Konsistenz köcheln lassen, das sollte ca. 5-6 Minuten in Anspruch nehmen.

5 Die Schnittflächen der Pfirsiche mit ein bisschen Butter und Rum bestreichen. Dann mit den Schnittflächen auf den vorgeheizten Grill legen und ca. 4-5 Minuten grillen lassen.

6 Legen Sie die Pfirsichhälften auf den Teller und füllen Sie diese mit etwas Himbeersoße. Legen Sie einige Minzblätter auf den Teller.

7 Servieren Sie die Pfirsiche, solange diese noch warm sind.

Über die Autorin

Birgit Gerber beschäftigt sich nun seit ihrem 14. Lebensjahr mit einer ihrer größten Leidenschaften – dem Kochen. Sie hat bereits hunderte von Rezepten nachgekocht und ausprobiert, noch bevor sie sich dem Kochen intensiver gewidmet hat. In den letzten 12 Jahren hat sie über 50 unterschiedliche Kochkurse besucht und hat von jedem etwas mitgenommen. Um Ihre Leidenschaft an die Öffentlichkeit zu bringen führt sie nun auch seit einiger Zeit selbst Kochkurse, in denen sie sich vor allen Dingen auf gesunde und ausgewogene Ernährung spezialisiert. Daher erforscht sie immer neue Wege, das Essen auf eine gesunde Art und Weise zuzubereiten. Zu ihren Favoriten gehören bereits die Geräte Sous Vide und die Heißluftfritteuse, die die Zubereitung von Essen revolutioniert haben. Nun zeigt sie auch Ihnen, wie Sie Ihren gastronomischen Alltag vielfältig gestalten können! Mit Birgits Rezepten für den Kontaktgrill wird jeder fündig und schafft es, sich ausgewogen und vitaminreich zu ernähren.

Haftungsausschluss

Dieses Buch enthält Meinungen und Ideen der Autorin und beabsichtigt den Lesern informatives und hilfreiches Wissen mit einem Unterhaltungscharakter zu vermitteln. Die enthaltenen Anleitungen und Strategien passen möglicherweise nicht zu jedem Leser, und es gibt keine Garantie dafür, dass sie auch wirklich bei jedem funktionieren. Die Benutzung dieses Buchs und die Umsetzung der darin ausgearbeiteten Informationen / Rezepte erfolgt ausdrücklich in eigener Verantwortung und Risiko. Das Werk, inklusive aller Inhalte, gewährt keine Gewähr oder Garantie für Korrektheit, Vollständigkeit, Qualität oder Aktualität der zur Verfügung gestellten Informationen. Fehlinformationen und Druckfehler sind nicht vollständig auszuschließen.

Impressum

Birgit Gerber in Vertretung von:

c/o Bianca Kronsteiner

impressumservice.net

Robert-Preußler-Straße 13 / TOP 1

5020 Salzburg

AT – Österreich

Covergestaltung /-konzept:

oliviaprodesign | fiverr.com

Coverbilder:

Kiian | Depositphotos

Printed in Poland
by Amazon Fulfillment
Poland Sp. z o.o., Wrocław

52743841R00060